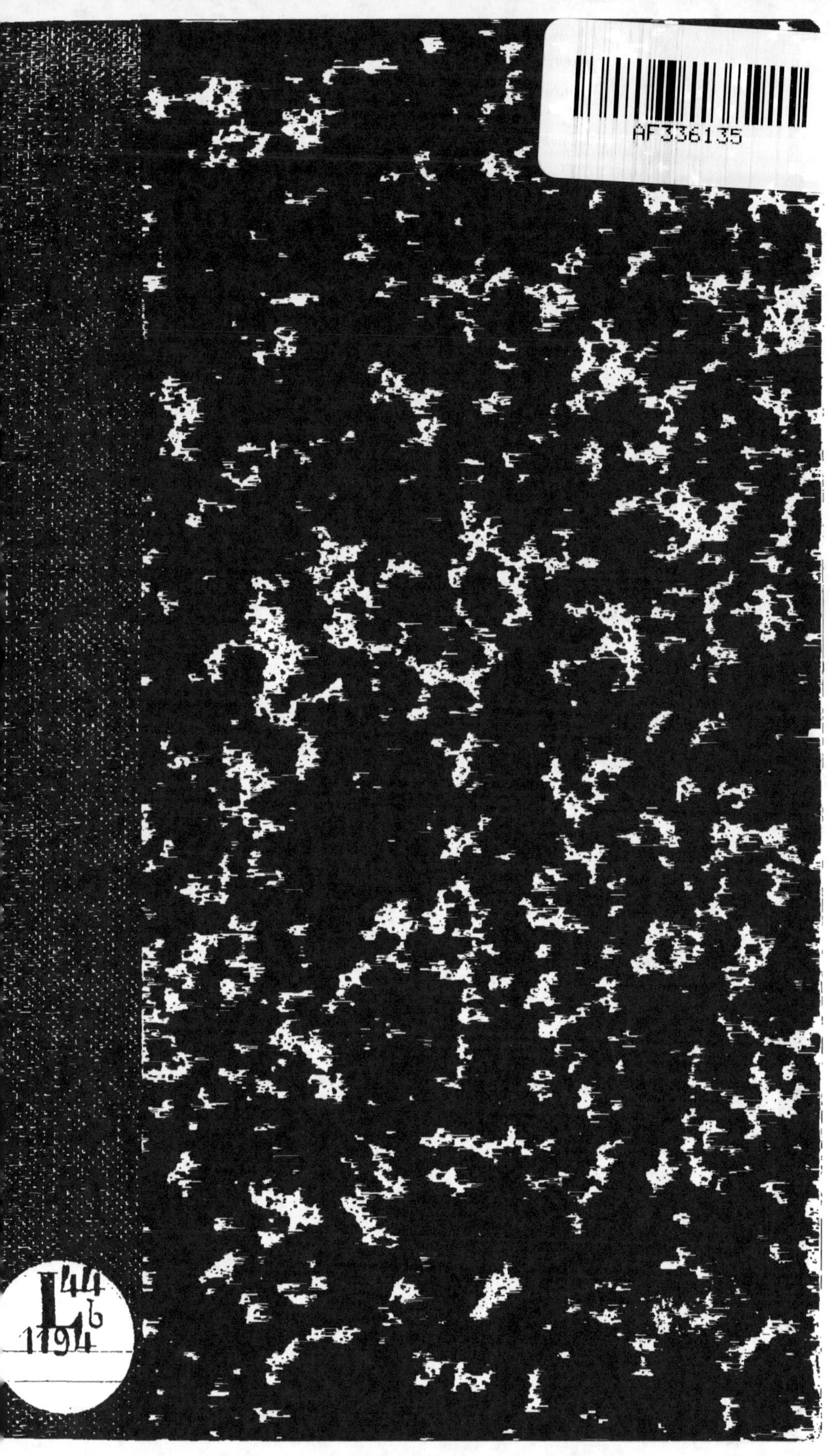
AF336135
L44
b
1194

AUX FRANÇAIS,

SUR

LA SITUATION DE LA FRANCE,

PAR UN ROYALISTE.

Le sang de vos rois crie et n'est point écouté.

Athalie.

A PARIS,

CHEZ LES MARCHANDS DE NOUVEAUTÉS.

1814.

AVERTISSEMENT.

Cet écrit a été composé dans la nuit
où l'on apprit le passage du Rhin par
l'armée alliée; il fut tiré à un très-
petit nombre d'exemplaires dont l'ac-
tivité de la police sut enlever une
grande partie. Je voulus manifester
l'indignation que m'inspiroit le présent, l'espoir que j'avois pour l'avenir. En proie depuis long-temps à la
douleur la plus violente, aigri par
l'horreur que je ressentois pour les satellites du tyran, les vices des honnêtes
gens, et leur indifférence sur l'opprobre de la patrie, j'osai essayer de mon-
trer aux Français le hideux tableau de
la France. Je savois qu'il existoit encore quelques fidèles; que les provin-
ces de l'Ouest avoient conservé le feu
sacré du royalisme; que chaque nouvel
acte de boucherie prononcé par notre
vertueux sénat y excitoit des mouve-

mens, ou plutôt des desirs de mouve-
mens. Cependant aucune voix ne s'é-
levoit, personne ne prononçoit les mots
sacrés de *roi* et de *patrie*. Quelle que
fût la foiblesse de la mienne, je voulus rompre ce silence honteux. Je crus
que l'intérêt de la cause pour laquelle
je voulois combattre m'obligeoit à ca-
cher mon nom. Voulant cependant
donner quelque poids à cet écrit, j'osai
prendre celui que j'aspirai toujours à
porter, le grand nom de *soldat chouan.*
J'espère que les héros qui ont été assez
heureux pour lui donner un si grand
prix, connoissant la pureté de mes in-
tentions, mon zèle pour la cause roya-
le, excuseront un de leurs recrus d'a-
voir pris le titre d'un de leurs braves,
à une époque où tout faisoit *espérer*
que bientôt, par de nouveaux triom-
phes, ils recevroient un nouvel éclat.

T...... D. V.........

AUX FRANÇAIS,

SUR

LA SITUATION DE LA FRANCE.

Paris, le 1er janvier 1814.

Il brilla jadis, dans les annales de l'Europe, un peuple brave, fidèle et généreux; illustre dans les arts comme dans les combats, sa douceur charmoit les nations que pouvoit aigrir sa gloire. Des rois, plutôt pères que chefs de leurs sujets, les avoient doués de tous les avantages; auteurs de leur prospérité, ils ne pensoient qu'à l'accroître. Des rois ne vivant que pour leurs peuples, des peuples toujours prêts à mourir pour leurs rois, formoient un empire où l'on ne connut d'autres liens que ceux des bienfaits et de la reconnoissance.

Ce peuple; esclaves, c'étoit vous.

Si maintenant, jetant un œil effrayé sur vos désastres, je m'écriois : de la noble nation qui décoroit le sol de cette France jadis si belle quel est donc le chef, quel est donc

l'asyle ? *un Corse et le tombeau*, répon-
droient à l'instant mille voix funèbres réu-
nies de toutes les extrémités de ce vaste empire.

Français, la mesure de vos malheurs est
grande ; mais apprenez en frémissant, les uns
de crainte, les autres de regret, qu'elle est
encore loin d'égaler celle de vos crimes. C'est
ici que vous devez vous rappeler avec ap-
préhension ou espérance que les forfaits tôt
ou tard se réparent ou s'expient, règle à la
fois juste et sévère, consolante et terrible
comme celui qui l'établit, maxime qui, soutenant ceux qu'un généreux retour rappelle
aux souffrances de la vertu, effraie qui ose-
roit encore chercher les grandeurs de l'infa-
mie.

O mânes de Saint-Louis, de Henri IV et
de Louis XVI ! du séjour de paix et de gloire
que vous habitez soyez touchés de nos larmes, ayez pitié de nos misères, en préparant
des voies à nos efforts ; ramenez nos frères
égarés, et pardonnez à des Français si, vous
demandant d'ouvrir l'arêne, ce n'est qu'à
leurs épées qu'ils demandent la victoire. Et
vous, leur digne descendant, prince vertueux,

formé à l'école du malheur, ô Roi aussi grand dans l'infortune que vous le serez, n'en doutons pas, dans la prospérité ! comme Saint-Louis dans les fers, vous que l'on voit oublier vos souffrances pour compâtir à celles de vos malheureux compagnons d'exil, pardonnez l'audace du soldat qui, privé de vous offrir sa vie sur un champ de bataille, aspire, en publiant vos vertus, à la perdre sur un échafaud, et qui, fier de ce danger, le savoure avec délices, pensant que c'est pour son Roi qu'il est couru. Trop heureuse victime, il béniroit la hache suspendue sur sa tête s'il apprenoit, en expirant, que son hommage et son dévouement sont parvenus jusqu'à vos pieds.

Ah, Français ! que de fois, dans ces jours désastreux, enfans dénaturés, vous aviez un père tendre ! que de larmes ont coulé de ses yeux à l'horrible nouvelle d'un monstre précipitant du néant au tombeau vingt générations criminelles. Eloigné du trône par les forfaits d'une horde barbare, si Louis réclamoit le titre de roi, c'étoit pour s'offrir comme victime expiatoire, et détourner les terribles châtimens qui, encore suspendus sur vos têtes, viennent, par leurs préludes, de vous glacer d'effroi.

A présent, réfléchissez sur le parti qu'il vous convient de prendre dans ces circonstances extraordinaires, où, je le répète, il vous faut choisir entre l'élan qui répare et l'anéantissement qui doit expier. Jetez les yeux derrière vous, que le passé vous éclaire sur le présent, ou vous effraie sur l'avenir. Voyez l'Angleterre repentante aux pieds de Charles II, recommençant des jours de gloire dès le jour de sa vertu. Fouillez dans les annales du peuple d'Israël ; réfléchissez sur cette histoire prototype des décrets de Dieu : la tribu de Benjamin expie dans le sang du dernier de ses enfans le crime d'une seule de ses bourgades.

Pour juger sainement de l'état dans lequel vous vous trouvez, il faut examiner les diverses causes qui l'ont amené, et les résultats qui doivent en dériver. Ecartant pour un moment nos vœux de notre raison, jugeons la France comme si nous n'étions pas Français, comme si nous n'avions ni à frémir de ses crimes, ni à espérer de ses remords ; écoutons la voix d'un étranger qui, dépouillé de

toute haine, doit être investi de toute confiance ; il se contentera de vous répéter cette
maxime, que toutes les fois qu'une nation
qui n'est pas enflammée par des sentimens
extraordinaires, tels que ceux du fanatisme
religieux ou politique, veut résister à vingt
autres, doit succomber : le partage et la dis-
solution de la république de Pologne, où
cependant chaque homme étoit soldat, doit
vous le prouver.

Mais je veux bien un instant que, les uns
par crainte, les autres par instinct dé crime,
quelques Français indignes, ou plutôt trop
dignes de ce nom, veuillent encore tenter la
chance des combats, qu'en arrivera-t-il? une
guerre plus sanglante, une punition plus
exemplaire.

Et quel est le monstre pour qui vous vous
sacrifieriez ? Loin de moi l'idée de vous le
peindre ; un tel tableau seroit à la fois trop
vaste et trop hideux. Mais, combattant cette
vive horreur, je vous en indiquerai les prin-
cipales masses, et vous serez forcés de re-
connoître le *doigt de Dieu* dans cette série
de faits heurtant toute la raison humaine.
En admirant cette surprenante opposition

entre ce qui arriva et ce qui devoit arriver, reconnoissons une puissance supérieure source d'effroi ou de consolation en ces jours de crime et de souffrance.

Le sacrifice du 21 janvier étoit consommé; une minorité de brigands enveloppoit la France d'un crêpe ensanglanté; des millions de Français égarés, et à cette époque ils pouvoient l'être, combattoient sur les frontières pour protéger les massacres de l'intérieur. Les premières fureurs passées, il paroissoit vraisemblable que l'un des deux partis triompheroit, et que le trône redeviendroit l'apanage du souverain légitime, ou la proie de quelque chef de l'armée révolutionnaire. Ici les vraisemblances viennent échouer. Ce n'étoit pas assez que la France fût couverte de sang, il falloit encore qu'elle fût couverte de boue. Parmi les habitans d'une île sur laquelle les Romains avoient dédaigné de laisser tomber leurs fers, et dont la France se trouvoit chargée depuis quelque temps, croupissoit une famille obscure, composée de la mère et de plusieurs enfans adultérins. Les premières années de notre révolution vomirent cette horde sur nos bords; Toulon

fut leur premier repaire; couverts d'opprobre et de bassesse , les foibles ressources du
libertinage les alimentoient. Le peuple français soutenoit de ses aumônes l'homme qui
bientôt devoit l'y réduire. C'est là que se fi-
rent leurs essais dans la carrière du crime ;
et ces essais quels furent-ils? Ici je dois ar-
rêter mes pinceaux , la nature l'ordonne, en
rougissant de laisser deviner ces impurs mys-
tères. Mais il falloit que les vices les plus hideux soient réunis sur cette famille, si toute-
fois j'ose encore appeler du nom de famille
l'aggrégation de monstres qui venoient d'en
violer les plus saintes lois. Voyons quelles
furent les vertus publiques de cet homme
dont l'inceste fut la vertu privée. A l'abri du
danger, ce n'est pas en combattant que Buo-
naparte s'avance, c'est en faisant mitrailler,
dans les murs de Paris, des pères de famille,
des femmes et des enfans, qu'il obtint ses
premiers lauriers. Fait général, il ne se mon-
tra que bourreau; point de ces manœuvres
savantes et hardies, point de ces traits de
brillante bravoure qui quelquefois voilent les
grands criminels et inspirent une sorte d'intérêt. Aucun prestige brillant ne déguise,

chez lui, la réalité de tous les vices. C'est en prodiguant sans mesure le sang de ses soldats que sa cruelle impéritie crut violer la victoire qu'elle ne pouvoit obtenir.

Souverain, sa vie n'est qu'une intermittence d'inepties et de forfaits. Du Vésuve au Sund, du Guadalquivir au Volga, des ruines, du sang et des larmes attestent la course de ce dévorant météore. De nombreux bataillons de Français, délaissés dans ces rigoureux lointains, disputant aux vautours les débris de leurs corps ensanglantés : voilà les monumens de la grandeur de ce monarque.

Français, c'est donc là le Cannibale pour qui vous combattriez? Non, non ; vos yeux sont ouverts ; vous distinguerez vos libérateurs de vos ennemis ; les uns s'approchent, mais les autres sont encore au milieu de vous. Arrachons aux étrangers cet holocauste, vengeons-nous nous - mêmes, montrons à nos alliés que nous sommes dignes d'eux : ils viennent mêler les rameaux de la paix à ceux de la victoire ; ils viennent achever la destruction de notre odieux tyran. Quelle confiance et quel amour doit nous inspirer cette sage croisade des rois contre un usurpateur, des peuples contre des brigands! La Russie, la Pologne, l'Allemagne, l'Espagne, le Portugal sont délivrés, l'Italie est sur le point de l'être, déjà plusieurs insurrections s'y manifestent. Une ame vulgaire pouvoit regarder le but des souverains comme rempli; ceux qui ne connoissoient pas ces nobles monarques pouvoient le craindre. Satisfaits d'avoir refoulé les dévastateurs du monde dans leurs limites, fiers de leurs victoires, trop vraiment grands pour aspirer à de nouvelles, abandonnant la France aux serres impitoyables des vautours qui la déchirent, ils pouvoient goûter le repos, environnés des bénédictions de leurs peuples. Mais non, leur générosité ne connoît point de bornes; ils veulent aussi que les Français partagent le bienfait de la régénération; ils veulent juger par eux-mêmes si nous méritons leur haine ou leur pitié : que les cris de *vive le Roi* leur répondent et les éclairent. Quelle est rassurante cette coalition formée de princes doués des vertus les plus nobles et les plus touchantes ! Quelle crainte peut vous inspirer ce héros du Nord, le magnanime Alexandre, idolâtré de cent peuples divers, destiné à être le plus noble des chevaliers si le ciel ne l'avoit fait naître le plus grand des rois. Ce sage empereur, ce père de l'Autriche, qui, nouveau Jephté, sacrifia son sang pour celui de son peuple.

Voyez le nouveau Vitikind, le digne héritier du vainqueur de Molvits et du sage de Sans-Souci, suivi de ses braves guerriers, libérateur de sa patrie, il veut l'être de la nôtre ; honoré par l'infortune, il ne nous est pas étranger ; comme nous il connut les chagrins, comme nous il peut demander au tyran......... Ecartons cet affreux soupçon ou souvenir, et préparons-nous à verser des larmes de reconnoissance sur ce grand roi, qui en obtint déjà de nous d'admiration ou de tristesse.

Rival de Malborough, un grand capitaine s'avance au Midi. Réunissant à la plus brillante bravoure la plus touchante humanité, beau idéal des guerriers, ses champs de bataille sont couverts des doubles trophées de sa valeur et de ses bienfaits ; les échos de l'Espagne, accoutumés jadis à retentir des noms de Pélage, de Gonzalve et du *Prince noir*, ne pourront plus répéter que le grand nom de Welington.

Quel horrible sort nous étoit réservé si le monstre n'eût été arrêté dans sa course! Au sein de la Russie, son œil hagard et sanguinaire cherchoit quels étoient les *steppes* encore inabreuvés du sang de ses soldats.

Mais il existoit une puissance de tous temps armée contre la tyrannie, l'Angleterre, cette grande nation, jouissant du rare bonheur de trouver le parti le plus grand dans le parti le plus sûr, son intérêt dans son honneur, et le soulagement de l'humanité dans ses victoires. Ce grand peuple, appelé à réunir, par l'habileté de sa politique, tous les cabinets dans le Nord, pendant que ses braves armées leur donnoient l'exemple de la victoire dans le Midi; l'illustre Albion, en un mot, rallie le continent, l'élance sur le féroce usurpateur, et dans peu on le voit réduit à machiner dans sa capitale de nouveaux meurtres, en précipitant dans les champs du carnage de nouveaux soldats.

Cet instant est décisif; les puissances alliées ont ouvert la campagne en franchissant le Rhin, étonné de se voir frontière d'un empire dont naguère il fut le centre. Il faut qu'à leur arrivée nous nous montrions dignes de leurs secours, que leurs bataillons, accrus de nos bataillons, poursuivent sans relâche l'ennemi commun, et qu'en le détruisant nous-mêmes, nous lavions la honte de l'avoir conservé. Méritons notre Roi; il ne viendroit pas régner sur une nation avilie; qu'il ait des marques de notre fidélité avant de nous donner des preuves de sa clémence.

Quel seroit notre sort si, nation vaincue, sans point de ralliement, la bannière des lis ne venoit purifier la France, si les alliés, en envahissant le sol français, ne trouvoient que de vils Ilotes au lieu de braves royalistes. Tout sentiment de pitié s'éteindroit en abandonnant à leurs propres fureurs ces esclaves avilis. On fuiroit la France comme une terre pestilentielle, qui ne fut féconde que pour le crime ou la lâcheté; les torches de la vengeance allumeroient de vastes bûchers; quelques braves, ulcérés de l'opprobre de leur patrie, voudroient noyer dans son sang son ignominie; les cœurs généreux préféreroient la France détruite à la France souillée. Ils en font aujourd'hui le serment, de consacrer leurs bras pour rendre leur prince à leur patrie; ou, si elle en est encore indigne, de la réduire

à un tel état de misère, et d'anéantissement,
que, loin d'être pour l'Europe un objet d'am-
bition, elle devienne pour tout l'univers un tel
objet d'horreur et de pitié, qu'un Roi déses-
père de guérir ses blessures, et qu'un tyran
dédaigne de l'asservir. L'étendard de Saint-
Louis peut seul arracher Paris aux flammes
et ses malheureux habitans à l'esclavage ou au
trépas : nous aurions pour guides dans ces ven-
geances nationales, dans ces efforts pour ne
pas survivre à la honte, les veuves des Cim-
bres tournant contre leurs enfans et contre
elles-mêmes l'inutile glaive qui ne put défendre la liberté dans la main de leurs époux ; l'é-
pouse d'Asdrubal précipitant dans les flammes
de sa patrie sa famille au berceau, et, à une époque plus rapprochée, la généreuse *Moscou*
voulant confondre dans le même incendie et
ses enfans et ses vainqueurs.

A de longues guerres succéderoient de
courtes trèves d'épuisement qui seroient sui-
vies par de nouvelles scènes de carnage ; de
la France, cette noble patrie des arts, il ne res-
teroit que des cendres ; ce n'est qu'en contemplant l'immensité des ruines de ce vaste os-
suaire, que le voyageur, effrayé, connoîtroit un

jour quels furent et sa puissance et ses forfaits. Le défaut de culture couvriroit nos ferti-
les champs de ronces stériles ; les fleuves que
ne retiendroient plus les travaux des hommes,
porteroient par-tout leurs torrens destructeurs ; le sol de nos temples et de nos musées
seroit foulé par quelques rares troupeaux
exposés aux attaques des animaux carnassiers ;
vaste repaire de brigands et de bêtes féroces,
le foible y seroit égorgé par le fort. Si dans ce
moment, secouant la poussière des siècles et
des tombeaux, réunissant ces ossemens dis-
persés, un Français d'aujourd'hui étoit rap-
pelé à la vie, contemplant ce mélange d'animaux timides et d'animaux destructeurs, il
s'écrieroit : voilà encore ma patrie, je vois
l'Empereur, le peuple et le Sénat.

De tels tableaux sont sans doute terribles,
mais ils ne sont que vrais. L'on doit connoître
quelle sera tôt ou tard la ruine d'un état, en
déplorant quelle fut la grandeur de ses vices.
Ainsi nous n'avons qu'à contempler notre avi-
lissement pour en deviner la funeste récom-
pense.

C'est en vain que nous fouillerions les fas-
tes du monde pour trouver une nation plus

immorale et plus dégradée. Sur quelque partie de la société que se tournent nos regards,
par-tout nous ne voyons que honte ou que
bassesse. Les premières années de la révolution, un fanatisme de liberté égaroit toutes les
têtes ; cette brillante chimère jeta dans de
grandes erreurs ; cependant l'enthousiasme
d'une grande partie de la nation pour les défendre prouva qu'elle étoit trompée, et en-
traînée par le magique mot de liberté, ce plus
noble présent de la divinité, pour lequel les
Harmodius et les Brutus affrontoient le trépas et obtenoient l'immortalité. Mais à présent, grand Dieu ! quelle peut être votre excuse, quel est l'appât qui vous séduit ? Si l'histoire nous offre quelques exemples de grands
forfaits commis pour secouer un joug, il étoit
réservé à la France de les surpasser pour men-
dier des fers.

Est-ce le peuple, vil bardot, esclave hébêté,
halletant sous la verge d'un tyran implacable,
qui pourroit inspirer quelqu'intérêt ; ses malheurs sont le fruit de ses crimes : qu'il ne
rencontre nulle part cette pitié qu'il n'é-
prouva jamais. Croit-il se laver en disant d'une
voix affoiblie, d'autres sont plus coupables,

Oh! opprobre de la patrie! tu es donc parvenu à ce point que la seule excuse d'un forfait, c'est de chercher dans ton sein un forfait plus atroce encore.

Sont-ce ces vils brigands enrichis de meurtres et de rapines, sortis des derniers rangs de la société pour s'élancer à sa tête, offensant tous les yeux par un melange inoui d'orgueil et de bassesse ; ce Sénat placé entre un tyran qui le méprise et un peuple qui le hait, renouvelant les horribles sacrifices où l'on vit, dans les forêts de la Gaule, des druides inhumains arroser du sang de la patrie l'autel d'une féroce divinité? Sont-ce ces dignes prêtres de cette exécrable idole qui pourroient désarmer le courroux du maître des mondes?

Français, vous avez frémi; mais ce n'est pas assez; vos regards peuvent encore tomber plus bas.

Voyez, parmi les valets du tyran ou parmi les cohortes de ses bourreaux, les fils dégénérés de ces nobles chevaliers comblés des bienfaits de leurs rois; agens de mille forfaits, soutiens du crime et de la tyrannie, complices des plus révoltantes expéditions, ils souillent le nom et la carrière de l'honneur. Échappés aux bayonnettes vengeresses des Russes, c'est dans les plaisirs qu'ils viennent ensevelir leur honte. Assassins et non soldats, traînant des noms élevés par leurs ancêtres, qu'ils essuient notre mépris en attendant notre vengeance.

Et vous, lâches déserteurs de la foi de Jésus-Christ, prélats apostats briguant la conduite du troupeau afin de le vendre plus ayantageuse-ment, impies plus éclairés et plus funestes, persécuteurs plus heureux et plus habiles que les Nérons ou leurs satellites, vous corrompez les racines de l'arbre que vous ne pouvez ébranler; l'enseignement de la foi dénaturé, ses fidèles ministres traînant d'exil en exil, de cachot en cachot leurs vertus et leurs peines; l'Eglise livrée à une jeunesse imprudente qui, nourrie dans vos écoles empoisonnées, répand une erreur qu'elle ne connoît pas. Tremblez, monstres, voilà votre ouvrage ; le jour de la vengeance arrive, aussi terrible qu'elle fut lente ; chrétiens renégats, sujets rebelles, c'est du haut des échafauds que la justice du Roi que vous méconnûtes devroit vous livrer à celle du Dieu que vous avez trahi.

Que dirons-nous de ces êtres sans opinion,

pliant à chaque événement, branches dessé-
chées que doit abattre le souffle de la colère
céleste, rouages inutiles de la machine politique dont on se débarrasse, en reconnois-
sant combien étoit sage cette loi de Solon
qui, dans les dissentions civiles, déclaroit in-
fâmes ceux qui ne prenoient aucun parti.

Qu'à l'approche de nos libérateurs, abju-
rant et leurs erreurs et leurs foiblesses, tous
se hâtent de suivre la bannière de l'honneur;
qu'ils évitent tout retard; ou plutôt, grand
Dieu! permets qu'un moment d'hésitation
nous fasse distinguer ceux que nos glaives
doivent défendre de ceux que nos poignards
doivent immoler.

Mais suspendant nos fureurs au jour de
nos victoires, tout crime sera lavé par un
peu de sang versé pour le Roi sur le sol de
la patrie. Ah, trop heureuse France! puisque
l'expiation de tant de forfaits c'est une ré-
compense, c'est la victoire qui t'est offerte.

Français, entendez le fils de Saint-Louis;
touché de vos malheurs, il oublie vos fautes;
il vous dit : Roi, je devrois punir; mais,
Bourbon, je pardonne. Henri soutenant la
vie de ses sujets révoltés, et posant des ali-

mens au pied de ces remparts d'où on lui destinoit le trépas ; Louis XVI , du haut de l'échafaud où l'avoient conduit des Français, levant vers le ciel des mains chargées d'indignes liens , et appelant sur son peuple régicide les trésors de la miséricorde céleste ; que ces traits se retracent à vos cœurs : ce sont les seuls restés dans ma mémoire. Unissons nos chants d'action de graces, et célébrons les louanges de l'Éternel.

Alors l'ombre du lis triomphant fertiliseroit nos vallées, et cicatriseroit les cruelles blessures de ces combats qui auroient pu être éternels. Vaste famille, les Français régénérés recouvreroient leur félicité première du jour où l'on entendroit sur l'antique sol de l'honneur ce cri sacré : Dieu, sauvez la patrie, *vive le Roi !*

Que ce noble but nous fasse voler aux armes; que les couleurs du panache de Henri nous guident encore à la victoire ; que tous se précipitent dans l'arène, les uns pour mériter des récompenses, les autres pour expier des erreurs.

S'il falloit un sacrifice , heureux celui qui, en ce jour, combattant pour son Dieu et pour

son Roi , pourroit arroser de son sang ce sol
si long-temps arrosé de ses larmes, qui per-
dant sans regret une vie écoulée sans taché,
exhalant à la fois son premier vœu et son
dernier soupir , en prononçant *vive le Roi,*
lèveroit vers le ciel un front expirant qu'om-
brageroit l'auguste et double palme de la victoire et du martyre !

VIVE LE ROI, VIVE LOUIS XVIII!

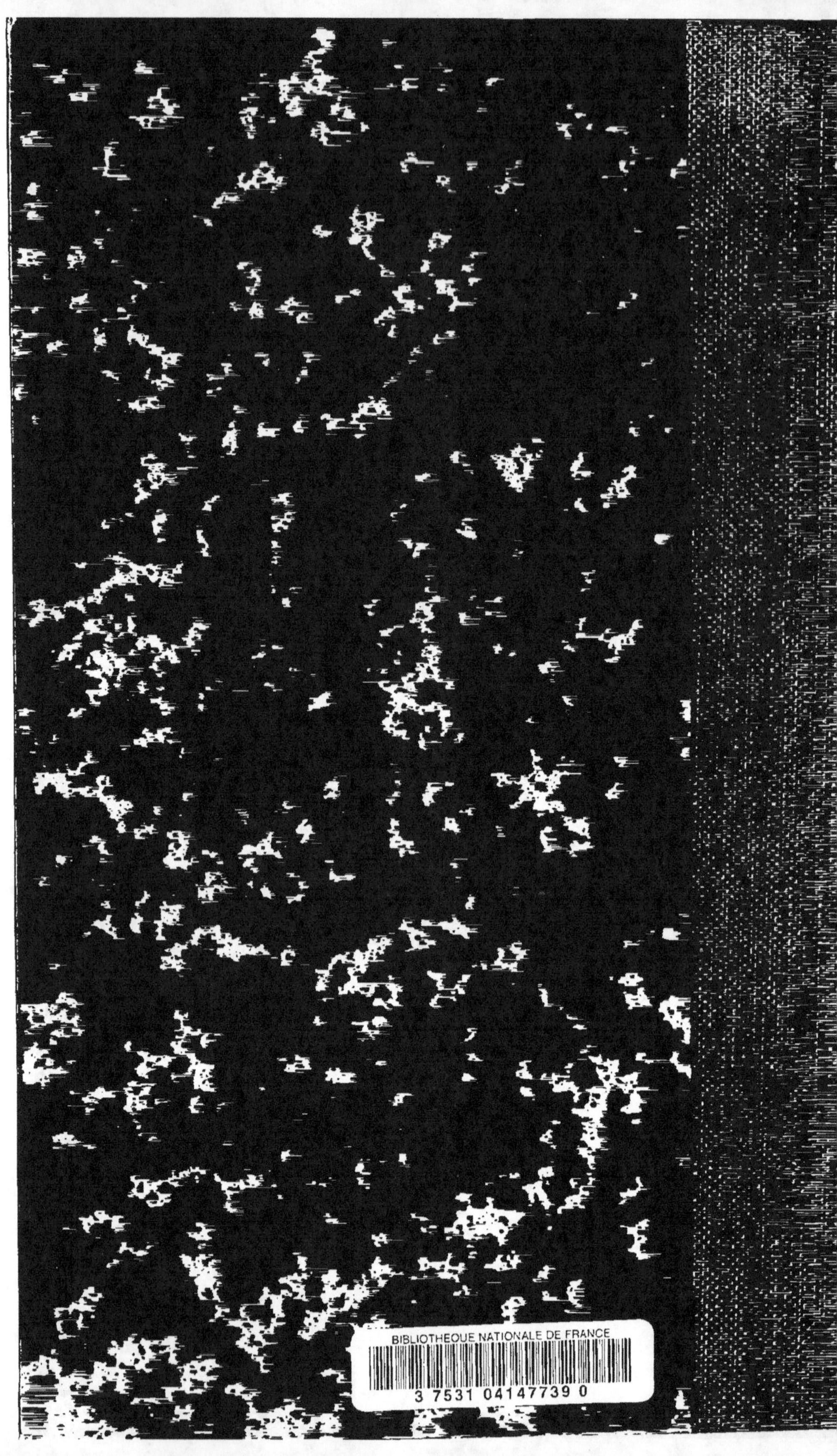